BEI GRIN MACHT SICH IHR WISSEN BEZAHLT

- Wir veröffentlichen Ihre Hausarbeit,
  Bachelor- und Masterarbeit

- Ihr eigenes eBook und Buch -
  weltweit in allen wichtigen Shops

- Verdienen Sie an jedem Verkauf

Jetzt bei www.GRIN.com hochladen
und kostenlos publizieren

Ali Ince

Vergleich zwischen der Welt von Tolkien und der realen Welt seiner Zeit

Ein sehr detaillierter Blick auf Mittelerde und die Intention des Autors

GRIN Verlag

Bibliografische Information der Deutschen Nationalbibliothek:

Die Deutsche Bibliothek verzeichnet diese Publikation in der Deutschen National-
bibliografie; detaillierte bibliografische Daten sind im Internet über http://dnb.d-
nb.de/ abrufbar.

Impressum:

Copyright © 2013 GRIN Verlag GmbH
Druck und Bindung: Books on Demand GmbH, Norderstedt Germany
ISBN: 978-3-656-53984-1

Dieses Buch bei GRIN:

http://www.grin.com/de/e-book/264640/vergleich-zwischen-der-welt-von-tolkien-
und-der-realen-welt-seiner-zeit

GRIN - Your knowledge has value

Der GRIN Verlag publiziert seit 1998 wissenschaftliche Arbeiten von Studenten, Hochschullehrern und anderen Akademikern als eBook und gedrucktes Buch. Die Verlagswebsite www.grin.com ist die ideale Plattform zur Veröffentlichung von Hausarbeiten, Abschlussarbeiten, wissenschaftlichen Aufsätzen, Dissertationen und Fachbüchern.

Besuchen Sie uns im Internet:

http://www.grin.com/

http://www.facebook.com/grincom

http://www.twitter.com/grin_com

Inhalt

1. Vorwort

Die Popularität der „Herr der Ringe" Trilogie und der kommenden „Der Hobbit"-Trilogie, hatte mich vor einiger Zeit dazu bewegt mich näher mit den literarischen Werken von J.R.R. Tolkien zu beschäftigen. Die umfangreichen Geschichten von Tolkien faszinierten mich und zogen mich in ihren Bann. Da ich meine Facharbeit im Fach Deutsch schreiben wollte, erleichterte mir meine Begeisterung und mein Interesse an den Werken von Tolkien die Auswahl des Themas. Meine erste Wahl war schon von Anfang an, die Welt von Tolkien zu thematisieren und nach einer Überlegungszeit entschied ich mich auch für eine passende Fragestellung zu diesem Thema. In dieser Facharbeit werde ich die Welt von J.R.R. Tolkien mit der realen Welt seiner Zeit vergleichen. Hierbei wird der Fokus auf die Gemeinsamkeiten zwischen den Welten gesetzt, die durch die Erfahrungen, Ansichten und Religion Tolkiens, entstanden sind.

2. Biografie von Tolkien

Damit man die Welt von J.R.R. Tolkien mit der realen Welt seiner Zeit vergleichen kann, muss man erstmal definieren, was unter „seiner Zeit" verstanden werden soll. Dazu ist seine Biografie nötig und die Zeitspanne, in dem er die Werke geschrieben hat.

John Ronald Reuel Tolkien, geboren am 3. Januar 1892 in Südafrika, war ein Poet, Schriftsteller und Professor.

Seine ersten Jahre verbrachte J.R.R. Tolkien in Südafrika, wo sein Vater als Bankmanager tätig war. Im Alter von 3 Jahren verbrachten er, sein Bruder und seine Mutter einen Familienbesuch in England, jedoch kehrten sie nie wieder nach Südafrika zurück, da der Vater von J.R.R. Tolkien an Fieber starb. Da die Familie ohne Einkommen war, musste die Familie zu den Eltern der Mutter, nach Birmingham ziehen, wo Tolkien seine Kindheit verbrachte.[1] Er besuchte die King Edward's School in Birmingham und studierte englische Sprache und Literatur in Oxford, wo er sein Studium mit Auszeichnung absolvierte. Schon während seines Studiums begann der erste Weltkrieg und nach seinem Studium wurde er als Offizier für Fernmeldewesen in das 11. Bataillon berufen, doch musste er lange Zeit keinen aktiven Frontdienst leisten.[2] Er musste erst ab Sommer 1916 an die Front, wodurch er an der Schlacht an der Somme, der blutigsten Schlacht des Ersten Weltkrieges, teilnahm. Noch im selben Jahr wurde er durch das Fleckfieber nach England zurück geschickt. Der Krieg hinterließ in ihm

---

[1] Vgl. http://en.wikipedia.org/wiki/J._R._R._Tolkien#Childhood
[2] http://www.tolkienlibrary.com/abouttolkien.htm

für lange Zeit anhaltende seelische Erschütterungen.[1] Er hatte im Krieg fast alle seine Freunde verloren[1] und eines seiner besten Freunde. G.B. Smith, schrieb in seinem letzten Brief von der Front : „Möge Gott Dich segnen, mein lieber John Ronald, und mögest Du die Dinge sagen, die ich zu sagen versucht habe, lange nachdem ich selbst nicht mehr da sein werde, um sie zu sagen, sollte dies mein Schicksal sein"[2]. Dies war der Zeitpunkt an dem er seine Karriere als Schriftsteller begann. Jedoch war er hauptsächlich an mehreren Universitäten beschäftigt. Diese verhalfen ihm an der Entwicklung mehrerer Sprachen, da er oft Lehrkraft für ältere Sprachen bzw. Dialekte war. In der Zwischenzeit wurde Tolkien vierfacher Vater und er schrieb mehrere Kindergeschichten, die Bekannteste dieser Geschichten wurde 1937 beim Verlag George Allen & Unwin veröffentlicht und ist uns heute als „Der Hobbit" bekannt. [3] Auf Wunsch des Verlages begann Tolkien an dem Nachfolger zu schreiben, welches anfangs auch als Kinderbuch ausgelegt war. Aufgrund des Zweiten Weltkrieges verzögerte sich die Veröffentlichung von „der Herr der Ringe", der erst im Jahre 1954 erschien. In seinen letzten Jahren arbeitete er an dem „Silmarillion", welches posthum von seinem Sohn fertiggestellt wurde. John Ronald Reuel Tolkien starb am 2. September 1973 und gilt als Begründer der modernen Fantasy-Literatur. [4]

3. Die Frage nach der Allegorie

3.1. Tolkiens Meinung zur Allegorie

„[…]Was die tiefe Bedeutung oder „Botschaft" des Buches angeht, so hat es nach Absicht des Autors keine. Es ist weder allegorisch, noch hat es irgendeinen aktuellen Bezug.[…]"[5]

Mit diesem Satz versichert Tolkien uns schon zu Beginn von „Der Herr der Ringe", dass er keinen Bezug auf Ereignisse nimmt und antwortet somit auf die zahlreichen Leser, die ihm nach der Botschaft befragten.[6] Laut seiner eigenen Aussage hat er keine tiefere Aussage bzw. Allegorie. Außerdem stand die Geschichte von Anfang an fest und die Kriege und zentralen Kapitel wurden schon vor 1939 geschrieben.[7] Auch in „Der Hobbit" verzichtet J.R.R. Tolkien auf jegliche Allegorie und laut eigener Aussage bezieht er sich auch nicht auf Ereignisse. Jeglicher Vergleich zwischen beiden Welten und den Ereignissen wäre eine Deutung, die dem Leser selbst überlassen ist.

---

[1] Vgl. Tolkien, 2012, S.15, Die Gefährten
[2] G.B. Smiths Abschiedsbrief an Tolkien, Übersetzung von Wikipedia, Material 1
[3] http://de.wikipedia.org/wiki/Der_kleine_Hobbit
[4] http://de.wikipedia.org/wiki/Fantasy#Entstehung_im_20._Jahrhundert
[5] Tolkien, 2012, S.13, Die Gefährten
[6] http://de.wikipedia.org/wiki/Der_Herr_der_Ringe#Der_Herr_der_Ringe_als_Allegorie
[7] Tolkien, 2012, S.13, Die Gefährten

3.2. Die Berechtigung eines Vergleiches

Doch warum vergleiche ich, trotz Aussagen Tolkiens, beide Welten? Auch wenn Tolkien jegliche Allegorie bestreitet, sind einige Aspekte seiner Welt sehr nah an der realen Welt. Vorallem die Schöpfungsgeschichte Mittelerdes ist nahezu identisch mit der christlichen Schöpfungsgeschichte. Auch im weiteren Verlauf seiner Saga erkennt man erhebliche Ähnlichkeiten mit der christlichen Religion, die er fromm ausübte, und offensichtliche Kritik an der Industrialisierung und der Zerstörung der Umwelt, welche seine eigenen Aussagen in Frage stellen. Desweiteren erwähnt auch Dieter Petzold in seinem Buch: „Wie jede Fiktion erlaubt auch die Tolkiens, auf das Weltbild ihres Urhebers zu schließen."[1] Daraus lässt sich erschließen, dass ein Vergleich, trotz Aussagen Tolkiens, doch seine Berechtigung hat.

4. Vergleich beider Welten

4.1. Ein Vergleich mit Bezug zu J.R.R. Tolkiens religiöse Ansichten

Das Silmarillion ist eine Sammlung von Tolkien, worin seine unvollendeten Werke posthum veröffentlicht wurden. In dieser Sammlung ist unter anderem die Schöpfungsgeschichte von Arda (die Welt, in der Mittelerde ist), unter dem Kapitel Ainulindale verzeichnet. In diesem Kapitel werden die religiösen Ansichten von Tolkien sichtbar, denn die Welt von Arda wird durch den Plan seines allmächtigen Schöpfers Ilúvatar erschaffen.[2] Die Gemeinsamkeit mit der christlichen Religion besteht darin, dass auch der christliche Gott allmächtig und ein Alleinherrscher ist. In Mittelerde beauftragt Ilúvatar seine Geisteswesen, die Ainur, mit Gesang die Welt nach seinem Plan zu erschaffen.[3] Am Anfang der Erde war analog dazu das Wort Gottes, indem er sprach und die Welt nach seinem Plan erschuf.[4] Hierbei greift Tolkien auf einen „Running Gag" aus der Bibel zurück, denn auch Ilúvatar empfindet nach seiner Tat, dass sein Werk gut war.[5] In der Bibel wird dies nach fast jeder Tat Gottes gennant, doch Ilúvatar empfindet sein Werk erst bei dem perfektem Gesang gut. Doch dies ändert sich, denn Ilúvatar bemerkt, dass eines seiner Ainur, Melkor genannt, dazu kam „[…]Töne einzuflechten, die er selbst erdacht hatte […]"[6]. Melkor strebte nach mehr Macht, obwohl er die meisten Gaben unter den Ainur bekommen hatte. Er wollte eine Gleichstellung mit Ilúvatar, doch dieser war damit nicht einverstanden und wies Melkor zurecht. Melkor war

---

[1] Dieter Petzold, 2003, S.123-142
[2] http://en.wikipedia.org/wiki/Eru_Il%C3%BAvatar
[3] J.R.R., 2012, S. 19, Das Silmarillion
[4] Genesis
[5] J.R.R., 2012, S.20, Das Silmarillion
[6] J.R.R. Tolkien, 2012, S.20, Das Silmarillion

voller Zorn, doch hielt er sich zurück, denn er entschied sich dazu, früh ein Teil der neuen Welt zu sein und in dieser begehrte er alles, was darin war.[1] Melkor ist ganz klar vom Teufel abgelitten. In der Bibel ist der Teufel die Personifizierung des Bösen und der Teufel wird im Neuen Testament als ein Gefallener Engel dargestellt, hierbei sind die Engel gleichartig mit den Ainur.[2] Der Teufel hat eine hohe Übereinstimmung mit Melkor, denn beide rebellieren gegen den allmächtigen Schöpfer. Hierbei ist die Art und Weise, wie die beiden sich gegen den allmächtigen Schöpfer auflehnen, identisch. Beide strebten nach einer Gottesgleichheit, welche der allmächtige Schöpfer ihnen nicht zulässt, da sonst seiner Allmacht Grenzen gesetzt werden. Die Gemeinsamkeiten zu Tolkiens christlicher Religion ist sehr groß. Tolkien erwähnte oft, dass er ein frommer Christ sei.[3] Diese Tatsache hatte wohl erheblichen Einfluss auf die Entstehungsgeschichte von Arda, da dies an einigen Stellen zu lesen ist.

4.2. Gemeinsamkeiten in Ideologie und Weltanschauung

Im nordwestlichen Teil von Mittelerde gibt es verschiedene Ideologien, die sich sehr stark voneinander unterscheiden. Zum einen die im Nordwesten lebenden Hobbits, welche keine Staatsform haben und eine funktionierende Anarchie aufweisen können, zum anderen, die in einer totalitären Staatsform lebenden Orks in Mordor. Letzteres ist unter der Kontrolle von Sauron, welches ein dunkler Ainur ist und die Herrschaft über Mittelerde anstrebt. Außerdem gibt es noch die Menschen, welche zum Teil in Rohan und in Gondor leben. Die politischen Strukturen der Menschen sind nur schwer zu vergleichen mit einem Land in der realen Welt, da ein Vergleich zwischen Rohan und Gondor mit einer Nation im 20. Jahrhundert nur eine Behauptung bleiben würde, wohingegen Mordor eine starke Ähnlichkeit mit dem nationalsozialistischen Deutschland aufweist.

4.2.1. Herrschaftsform von Mordor und das reale Gegenstück

Von besonderer Wichtigkeit ist die Ideologie von Sauron und seinem Reich. Schon am Anfang des Buches wird und die Stellung Saurons durch ein Gedicht deutlich.

„Ein Ring sie zu knechten, sie alle zu finden,
Ins Dunkel zu treiben und ewig zu binden"[4]

In dem Gedicht ist „Ein Ring" symbolisch gemeint, denn er steht eigentlich für eine Person. Hierbei handelt es sich nicht um irgendeine Person, sondern um Sauron. Das Gedicht

---

[1] J.R.R. Tolkien, 2012, S.42, Das Silmarillion
[2] http://de.wikipedia.org/wiki/Gefallener_Engel#Der_gefallene_Engel
[3] http://en.wikipedia.org/wiki/J._R._R._Tolkien#Religion
[4] Ringgedicht, Tolkien, Material 2

symbolisiert die Herrschaft durch einen einzigen Herrscher. Sauron ist der unumstrittene Herrscher in Mordor und kann dieses Land nur durch Untertanen regieren, da er selbst nur ein Geist ist. Die wichtigsten Untertanen sind die Hexenmeister, welche zum größten Teil aus den neun Ringgeistern, den Nazgûl, bestehen. Die Nazgûl sind unsterbliche Geisteswesen, welche von Sauron kontrolliert werden und dadurch von ihm abhängig sind. Die Orks und Trolle sind gleichgestellt und müssen Sauron dienen. Die Überwachung von Mordor übernimmt das liedlose Auge von Sauron, welches auf der Festung Barad-dûr ist. So kann Sauron seine Untertanen immer im Blick haben und Mordor zu jeder Zeit beobachten. Die Herrschaftsform von Mordor wird im Verlauf der Geschichte von Saruman und seinem Reich in Isengard übernommen. Der einzige Unterschied ist, dass Saruman für Sauron arbeitet und daher auch nur ein Untertan ist.

Bei der Frage, zu welchem Land diese aufgeführte Ideologie passt, sind sich viele einig dass dies die Ideologie des Deutschen Reiches unter der Herrschaft von Adolf Hitler ist. Jedoch in Mordor gibt es einige Züge aus dem Stalinismus, den Tolkien oftmals kritisiert hatte.[1]

Als größte Gemeinsamkeit, welches eine Verbindung zwischen Mordor und dem Deutschen Reich herstellt, gilt der Totalitarismus. Beide Länder haben eine totalitäre Staatsform und einen einzelnen Herrscher, der durch ranghohe Untertanen das Land beherrscht.

Das liedlose Auge symbolisiert einen Polizeistaat und den Status als Polizeistaat hatte sowohl das Deutsche Reich als auch die Sowjetunion.[2] Ein weiterer Aspekt, den Mordor mit beiden Staaten verbindet, ist der Personenkult. Trotz der totalitären Staatsform in Mordor, führen Orks den Befehl von Sauron ohne Zögern aus.[3] Zwar gab es im Deutschen Reich und auch in der Sowjetunion mehrere Widerstandskämpfer, doch die Mehrheit der Bevölkerung waren wie die Orks, willige Vollstrecker. Vorallem im Deutschen Reich kann man von willigen Vollstreckern im militärischen Bereich reden. Analog zur Kriegswirtschaft des Deutschen Reiches, ist die Wirtschaft in Mordor, wenn man von einer reden kann. Die Wirtschaft ist hauptsächlich auf den Krieg fokussiert.[4] [5] Hierbei handelt es sich nicht um einen Notzustand, wie es in anderen Staaten ist, sondern um einen dauerhaften Zustand. Mordor ist durch diesen Zustand gezeichnet. Auf diese Kriegsvorbereitungen folgt in beiden Welten ein Krieg. Dabei ist sowohl Mordor als auch das Deutsche Reich, der Aggressor in ihrem Krieg und kämpfen gegen die „Guten".

---

[1] http://en.wikipedia.org/wiki/J._R._R._Tolkien#Politics_and_race
[2] http://de.wikipedia.org/wiki/Polizeistaat
[3] http://de.lotr.wikia.com/wiki/Orks
[4] http://de.wikipedia.org/wiki/Wirtschaft_im_nationalsozialistischen_Deutschland#Kriegswirtschaft
[5] http://de.lotr.wikia.com/wiki/Mordor

Eine Gemeinsamkeit, die Mordor nur mit der Sowjetunion hat, ist, dass alles für den Herrscher gemacht wird, dabei ist kein privates Eigentum gestattet.[1]

Mordor weist Übereinstimmungen mit den totalitären Staaten in der realen Welt auf. Dies liegt wohl daran, dass Tolkien beide Staaten kritisiert hatte.[2] Es besteht die Möglichkeit, dass Tolkien unbewusst die schlechten Eigenschaften totalitäter Staaten in seinen Werken übernommen hat. Diese Behauptung kann man wieder mit der Aussage von Dieter Petzold bekräftigen.

4.2.2. Die Gesellschaft der Hobbits und das reale Gegenstück

Im Nordwesten von Mittelerde leben die Hobbits. Das besondere Merkmal dieser Wesen ist, dass die Hobbits keine Staatsform aufweisen. Die einzigen öffentlichen Dienste im Auenland sind die Grenzposten und die Kurierdienste.[3] Gesetze bzw. Regeln, wie die Hobbits sie nannten, hielten die Hobbits freiwillig ein.[4] Man kann im Auenland von einer funktionierenden Anarchie reden, denn es gibt keine Regierung und die Hobbits klärten vieles unter sich. Anarchie ist nicht gleich Chaos, da das Ganze nach einem friedlichen Miteinander aussieht. Ein weiterer Aspekt der Hobbits ist, dass diese isoliert von anderen Ländern leben. Es besteht weder Kontakt zum offiziellen Herren des Landes, welches das nördliche Königreich ist, noch zu anderen benachbarten Ländern. Da ist es nicht ein Wunder, wenn Frodo und Sam in ihrem Abenteuer zum ersten Mal Elben sehen, obwohl diese nicht weit entfernt vom Auenland leben.

Bei der Frage nach dem realen Gegenstück zum Auenland, bleibt die Frage nur unsicher zu beantworten. Das einzige Land, welches die Freiheit des Individuum in den Grundgesetzen stehen hat waren die Vereinigten Staaten von Amerika. Die USA hatten zwar eine Regierung, aber führten eine lange Zeit einen Isolationismus. Trotzdem reichen diese Gemeinsamkeiten nicht aus, um als reales Gegenstück bezeichnet zu werden.

Das Auenland bleibt ohne reales Abbild, denn kein Land in der realen Welt kann eine vergleichbare Gesellschaft aufweisen. Zwar sind die Vereinigten Staaten ein Land, in dem die Freiheit des Individuum geschätzt wird, doch die Präsenz der Regierung ist sehr groß und daher nicht vergleichbar mit dem Auenland. Daher stellt das Auenland einen großen Unterschied zu der realen Welt dar.

[1] J.R.R. Tolkien,2012, S.246, Die Rückkehr des Königs
[2] http://en.wikipedia.org/wiki/J._R._R._Tolkien#Politics_and_race
[3] J.R.R. Tolkien, 2012, S.31, Die Gefährten
[4] J.R.R. Tolkien, 2012, S.30, Die Gefährten

4.3. Industrialisierung in beiden Welten

Bei den englischen Lesern wird das Kapitel „Die Befreiung des Auenlandes" („Die Säuberung des Auenlandes") als wichtigste allegorische Komponente im Buch gesehen.[1] Daher musste Tolkien auf diese Leserschaft im Jahre 1966 antworten. Dabei erwähnte er, dass das Kapitel keine Allegorie beinhaltet. Nachdenken bereitet die Aussage, dass dieses Kapitel ein Symbol für die Rückkehr vom Ersten Weltkrieg ist.[2] Das heißt wiederrum, dass das Werk doch eine Allegorie beinhaltet.

Das Kapitel „Die Befreiung des Auenlandes" handelt von der Unterwerfung der Hobbits durch Saruman, der nach der Niederlage Isengard ins Auenland geflüchtet ist. Als Saruman den Mut der Hobbits sah, muss bei ihm das Interesse an den kleinen Wesen gestiegen sein. Um seine Macht zu stärken, zerstört er wieder die Umwelt und erbaut, für das Auenland unpassende Gebäude. Außerdem baut er an den Grenzen Wachposten. Die Hobbits kennen Saruman als „Scharker". Doch welche Gemeinsamkeiten hat diese Veränderung mit der realen Welt zutun?

Die einst idyllische Umgebung am „Countryside" in England wurde, wie Isengard bzw. das Auenland, durch die Industrie zerstört. Hierbei handelt es sich um die Umgebung in der Tolkien gelebt hat. Tolkien hatte die Natur geliebt und unternahm viele Wanderungen in der Umgebung.[3] Doch dies änderte sich durch die Industrialisierung, denn die Umgebung wurde immer mehr zu einem Industriegebiet. Vor allem Birmingham, die Stadt, in der Tolkien lebte, wurde durch den Krieg eine bedeutende Industriestadt, in der viele Rüstungsgüter hergestellt wurden.[4] Da ist auch die zweite Gemeinsamkeit, denn, wie auch in Isengard, zerstört Saruman die Natur, um im Kampf mitzuhalten. In Isengard war es der Fangorn Wald, der unter Saruman leiden musste und im Auenland muss die idyllische Umgebung der Hobbits unter seiner Herrschaft leiden.

Dazu kommt noch, dass viele Plätze im Auenland an den Orten seiner Kindheit orientiert sind.[5] Die Geschehnisse im Auenland, am Ende des Buches, sind analog zu den Ereignissen in der Nähe um Birmingham.

Wieder entwirft Tolkien ein Volk bzw. Land, welches in der realen Welt beispiellos ist. Die Elben in Mittelerde leben in Einklang mit der Natur. Dies wird dadurch verdeutlicht, dass die Elben in Lorien in einem Wald leben.

---

[1] http://lotr.wikia.com/wiki/Scouring_of_the_Shire#Commentary
[2] Tolkien, 2012, S.15, Die Gefährten
[3] http://www.tolkien-online.com/tolkien-nature.html
[4] http://de.wikipedia.org/wiki/Birmingham#20._Jahrhundert
[5] http://en.wikipedia.org/wiki/J._R._R._Tolkien#Childhood

Durch traurige Erfahrungen und der Tatsache, dass die Natur vernachlässigt wird, könnte die Industrialisierung ein Einflussfaktor in den Werken von Tolkien sein. Tolkien als Liebhaber der Natur konnte nicht ohne Handeln zusehen, dass die Umwelt vor seiner Haustür zerstört wird. Dadurch kann man die Gemeinsamkeiten auf die Erfahrungen bzw. Ansichten von Tolkien zurückführen.

5. Schlusswort

Die Welt von Tolkien ist ohne Frage eines der bzw. die detailierteste Fantasy Welt in der Literatur. Die umfangreiche, monumentale und komplexe Welt ist der Ort von zwei sehr bekannten Werken Tolkiens. Diese Werke erzählen ein realistisches Abenteuer in einer anderen Welt und Tolkien streitet jeglichen Bezug zu der realen Welt ab. Doch viele „Tolkienwissenschaftler", die sich mit den Werken intensiv beschäftigen, sehen viele Parallelen zu seinen privaten Ansichten und den Ereignissen zu dieser Zeit. In dieser Arbeit wurden diese Aspekte unter die Lupe genommen und auch wenn Tolkien jeglichen Bezug ablehnt, so kann es sein, dass Tolkien diese Aspekte unbewusst mit in die Geschichten eingebaut hat. Seine religiösen Ansichten und seine Weltanschaung haben einen Weg in die literarischen Werke gefunden. Auch die Industrialisierung findet Einfluss in seine Werke. In diesem Vergleich erkennt man Gemeinsamkeiten zwischen seiner Fantasy Welt und der realen Welt seiner Zeit. Man kann aber nicht sagen, dass diese Gemeinsamkeiten seinem Werk schaden, denn solch ein literarisches Meisterwerk überzeugt durch die Authentizität der Abenteuer und dieses Abenteuer ist eines der besten Fantasy Erzählungen.

6. Literaturverzeichnis

Collier, Pieter (09.02.13): Tolkien Biography,

        http://www.tolkienlibrary.com/abouttolkien.htm

wikipedia.org (09.02.13):

        http://de.wikipedia.org/wiki/Birmingham#20._Jahrhundert

        http://de.wikipedia.org/wiki/Der_Herr_der_Ringe#Der_Herr_der_Ringe_als_Allegorie

http://de.wikipedia.org/wiki/Der_kleine_Hobbit

http://de.wikipedia.org/wiki/Wirtschaft_im_nationalsozialistischen_Deutschland#Kriegswirtschaft

http://de.wikipedia.org/wiki/Fantasy#Entstehung_im_20._Jahrhundert

http://de.wikipedia.org/wiki/Gefallener_Engel#Der_gefallene_Engel

http://de.wikipedia.org/wiki/Polizeistaat

http://en.wikipedia.org/wiki/J._R._R._Tolkien#Childhood

http://en.wikipedia.org/wiki/Eru_Il%C3%BAvatar

http://en.wikipedia.org/wiki/J._R._R._Tolkien#Religion

http://en.wikipedia.org/wiki/J._R._R._Tolkien#Politics_and_race

LoTR Wiki (09.02.13):

http://de.lotr.wikia.com/wiki/Mordor

http://de.lotr.wikia.com/wiki/Orks

http://lotr.wikia.com/wiki/Scouring_of_the_Shire#Commentary

Luther, Martin: Die Bibel, revidierte Ausgabe aus dem Jahre 1984

Petzold, Dieter: J.R.R.Tolkien: Leben und Werk, Isele Verlag, 2003 in Eggingen

Smith, G.B.:   Abschiedsbrief an Tolkien, Im Materialanhang; Material 1
Übersetzung von Wikipedia

Tolkien, J.R.R.:   Das Silmarillion, 2012, Hobbit Presse
Übersetzung von Wolfgang Krege
ISBN: 978-3608938197

Der Herr der Ringe Die Gefährten, 2012, Hobbit Presse
Übersetzung von Wolfgang Krege
ISBN: 978-3608939811

Der Herr der Ringe Die Rückkehr des Königs, 2012, Hobbit Presse
Übersetzung von Wolfgang Krege
ISBN: 978-3608939835

Der Herr der Ringe Die Zwei Türme, 2012 Hobbit Presse
Übersetzung von Wolfgang Krege
ISBN: 978-3608939828

Ringgedicht
Im Materialanhang, Material 2

Tolkien-Online: http://www.tolkien-online.com/tolkien-nature.html ,

JRR Tolkien & Nature

7. Materialanhang

Material 1:

„May God bless you, my dear John Ronald, and may you say the things I have tried to say long after I am not there to say them, if such be my lot."

-G.B. Smith

„Möge Gott Dich segnen, mein lieber John Ronald, und mögest Du die Dinge sagen, die ich zu sagen versucht habe, lange nachdem ich selbst nicht mehr da sein werde, um sie zu sagen, sollte dies mein Schicksal sein."

-Übersetzug von Wikipedia

Material 2:

Drei Ringe den Elbenkönig hoch im Licht,

Sieben den Zwergenherrschern in ihren Hallen aus Stein,

Den Sterblichen, ewig dem Tode verfallen, neun,

Einer dem Dunklen Herrn auf dunklem Thron

Im Lande Mordor, wo die Schatten drohn.

Ein Ring, sie zu knechten, sie alle zu finden,

Ins Dunkel zu treiben und ewig zu binden

Im Lande Mordor, wo die Schatten drohn.

-J.R.R. Tolkien